# TATIONS

## CURIEUSES,

DE L'ATTENTION DES PENSEURS
DES RICHES PROPRIÉTAIRES,

... du Traité de la Souveraineté, par
M. l'abbé SABATIER DE CASTRES, et de
... ns autres Ouvrages du même Auteur.

## TROISIÈME ÉDITION,

... CORRIGÉE ET AUGMENTÉE DE MOITIÉ.

## A PARIS,

... BALLARD, Imprimeur du Roi, rue J. J. Rousseau, No. 8;

... TIT, Libraire de S. A. R. Mgr. le Duc de Berri,
AA. SS. Mgrs. les Ducs d'Orléans et le Prince de
... alais-Royal, No. ..., galerie de bois.

1815.

# CITATIONS

## CURIEUSES.

---

### I.

La politique, cette science si importante, et sans laquelle les autres sciences sont inutiles, est encore, le croira-t-on ! celle dont les principes sont le moins fixes et le moins connus. Les révolutions de la révolution française et ses suites immédiates en sont une preuve manifeste et plus que suffisante.

### II.

On a beaucoup parlé de la *Souveraineté* pour se la disputer ; mais de tous ces débats il n'est pas sorti une seule observation neuve et vraie.

Les publicistes ont mal defini la *Souveraineté*, en disant qu'elle est le droit de disposer de la force publique d'une nation. La *Souveraineté n'est pas un droit*, bien que tous les droits émanent d'elle. Dieu n'est pas un droit, il est puissance et source de toute puissance. Un droit suppose une puissance qui l'a donné, et la Souveraineté ne connaît pas de puissance antérieure.

Cette observation est bien simple, et c'est néanmoins pour avoir méconnu cette vérité qu'on s'est égaré dans un labyrinthe sans issue sur la nature des pouvoirs et de l'autorité suprême.

### III.

Tous les dictionnaires de la langue française, même ceux de l'ancienne académie, publiés depuis le funeste et malheureux interrègne de l'illustre et antique maison de France, ont mal défini la *Souveraineté*, en disant que « *la Sou- » veraineté est une, indivisible, inaliénable, et » qu'elle appartient toute entière au peuple, qui » l'exerce par lui-même ou par ses représen- » tans* », comme s'il était possible de donner charge à un autre de penser, de vouloir, de vivre pour nous! comme s'il y avait un moyen de diviser et de céder une puissance *indivi-*

*sible* et *inaliénable !* Il faut être bien étranger à la politique et même à la raison, ou avoir un bien grand mépris pour le public, quand on se permet de pareilles inepties.

On lit encore, au mot *Souverain,* que l'*universalité des citoyens est le Souverain* ( 1 ). Et ce dictionnaire a été imprimé en Prusse avec permission royale! Comment les erreurs antimonarchiques et antisociales ne s'accréditeraient-elles pas, lorsque les monarques et les dépositaires de leur confiance en favorisent et en autorisent la propagation? Que dirait le plus riche des ministres prussiens, si les baillis de ses terres domaniales y laissaient imprimer et publier des écrits où l'on prétendrait qu'elles ne lui appartiennent pas, et que l'exercice de

_____

(1) Tout le monde sent la nécessité d'un nouveau dictionnaire de la langue française. L'ancienne Académie elle-même reconnaissait l'imperfection de son travail. Les nouvelles éditions qu'on en a faites depuis qu'elle n'existe plus, sont moins incomplettes ; mais elles fourmillent de fausses définitions, de fautes grammaticales, d'erreurs politiques, morales, antimonarchiques, etc. Nous croyons devoir profiter de l'occasion qui se présente ici pour en annoncer une nouvelle édition qu'on a tâché de rendre exempte de toutes ces fautes. Voici quel sera le titre :

*Dictionnaire classique de la langue française* par l'ancienne Académie, corrigé et augmenté par M. RIVAROL, et enrichi d'observations et d'exemples par M. l'Abbé SABATIER DE CASTRES.

la justice seigneuriale *appartient tout entier a l'universalité de ses vassaux?* surtout si ces libelles imposteurs étaient datés de son château; car l'édition dont il s'agit porte le nom de Berlin, et celui de l'imprimeur.

Quel sujet fidèle peut ne pas trembler d'effroi pour les Rois et pour les grands propriétaires, à la vue de pareils abus? Qu'un auteur, tel que l'académicien *Mercier*, par exemple, dise que la *Souveraineté appartient toute entière au peuple,* et que *l'universalité des citoyens est le Souverain;* qu'après avoir reconnu que la Souveraineté est *indivisible* et *inaltérable,* il ajoute que le peuple l'exerce *par lui-même ou par ses représentans,* on est peu surpris de ces bêtises, et elles sont peu dangereuses, parlant de l'auteur du *Nouveau Tableau de Paris;* un tel écrivain ne saurait être cru, disant même la vérité. Mais que la première académie de France consacre ces absurdités séditieuses dans un livre classique, et qu'on les réimprime avec la permission et sous les yeux d'un gouvernement monarchique et militaire, voilà ce qui étonne, ce qui afflige les amis de l'ordre, ce qui désole les zélateurs de la royauté, et ce qui fera dire aux siècles à venir : que le siècle qui s'instituait le *siècle des lumières* et de la *philosophie* ne fut que le siècle des erreurs et des folies les plus dignes de pitié.

## IV.

Regardant le principe de la Souveraineté du peuple comme le plus capable de troubler le bonheur social, et ce principe ayant été proclamé par de grands écrivains, appuyé par la plus éclatante des révolutions, adopté par des auteurs estimables, et avoué par des rois (1), je me suis surtout fait un devoir d'en démontrer le danger, et d'en prouver la fausseté dans mon dernier ouvrage.

La même erreur qui fit assigner à notre planète la première place dans l'univers, a fait attribuer au peuple la *Souveraineté* dans le corps

---

(1) L'Empereur *Léopold II* entr'autres, sans doute aussi étranger à l'histoire de ses prédécesseurs au trône que peu instruit de ses droits, dit formellement, dans sa déclaration du 2 mars 1790, adressée aux états du Brabant, qu'il est persuadé que *les Souverains sont constitués par les peuples.*

*Frédéric II*, le plus absolu des Rois, articule expressément *la souveraineté* du peuple dans son *anti-machiavel*, ouvrage, à la vérité, de sa jeunesse, et qu'il avait d'ailleurs soumis aux corrections de *Voltaire*.

politique. Il ne fallait, disait-on, que des yeux
pour avancer que tous les astres roulaient autour de la terre et que, par conséquent, le
séjour de l'homme était au centre du monde.
Ce système, fort de toutes les apparences, flatteur pour l'orgueil humain, fondé sur la tra-
dition, était pourtant si contraire à la vérité
qu'il fut pendant trente siècles également funeste aux progrès de l'astronomie et de la géo-
graphie ; mais la boussole ayant ouvert l'océan,
et le télescope ayant rapproché les cieux, la
terre mieux connue fut réléguée dans son or-
bite, et l'homme, déchu, mais instruit, plaça
mieux son orgueil et ses prétentions.

C'est ainsi que toutes les apparences, dès
qu'on agite la question de la *Souveraineté*, sont
en faveur du peuple. Par sa masse, il paraît
être la totalité du corps de l'État ; c'est lui qui
réunit, ce semble, toutes les forces ; de lui
sortent les soldats et les laboureurs ; il peut
faire et défaire des rois, souffrir ou rejeter
un sénat, nommer et révoquer des représentans ; en un mot, il peut confirmer, changer,
anéantir les formes, les lois, les usages, et,
non moins redoutable que l'océan, renverser
les digues que lui opposa la prudence des

siècles, et couvrir la terre des débris des empires.

La séduction de tant d'apparences en a d'abord fait une évidence, et la *Souveraineté* du peuple, déclarée par l'assemblée nationale de France, a paru tout-à-coup, aux yeux d'une partie de l'Europe, la découverte la plus fatale et la doctrine la plus redoutable ; aux yeux de l'autre partie, le dogme le plus saint et le plus sacré ; à tous les yeux, une véritable révolution dans l'ordre social et politique, semblable dans son apparition à un météore ou à quelque astre nouveau qui, effrayant les uns et rassurant les autres, serait pour tous de la lumière ; la *Souveraineté* du peuple a tout entraîné : Rois et républiques, prêtres et philosophes, politiques et légistes, tout a fléchi devant ce principe. Oui, les Rois, séchant de crainte sur leurs trônes se sont dit *les représentans des nations*, et c'est en vain qu'ils ont ajouté : des représentans *inamovibles* ou *héréditaires*. Le Souverain étant reconnu dans le peuple, les représentans n'ont plus été que des usurpateurs affermis par le tems, assis ou consacrés sur le trône par le consentement et même par le silence des nations, des usurpateurs tantôt éclairés, tantôt fermes et bienfaisans, tantôt absusdes, faibles et tyranniques, dont les excès rappellent un principe que leurs bienfaits ne font point oublier ; et cependant les peuples ravis se sont crus des Souverains détrônés par les Rois!

Cette doctrine a renversé la monarchie française et renversera tous les trônes et toutes les aristocraties, si on ne se hâte de l'abjurer, si on n'intéresse le savoir et l'éloquence à la combattre et à la ridiculiser. Ses profondes racines sont si bien implantées dans l'Europe, qu'il n'est pas de pays où elle n'ait des écoles, pas de ville où elle n'ait des prédicateurs ; que dis-je ? pas de cabinet où elle n'ait des croyans, ( qui pis est ) des partisans.

En attendant que des plumes plus accréditées et plus lumineuses que la nôtre rendent ce service aux têtes couronnées, nous n'avons rien négligé, dans nos derniers écrits, de ce qui nous a paru propre à faire sentir l'absurdité du principe de la *Souveraineté* du peuple, et c'est ce que nous croyons avoir fait, avec assez de succès, dans notre livre du Traité *de la Souveraineté*, sans qu'il paraisse que les monarques, les autocrates et les Rois ou leurs ministres nous aient tenu grand compte de ce service. Si nous sommes restés sans encouragement de la part des gouvernemens les plus intéressés à faire valoir notre travail et à en propager les idées, nous en avons été dédommagés par les éloges qu'il nous a attirés de la part des gens d'esprit et de savoir. Voici ce qu'en disait un célèbre grammairien, ci-devant avocat au parlement de Paris, dans une lettre publiée dans un journal de Hambourg, en 1806.

« J'ai lu, ou plutôt dévoré le traité *de la Sou-*
» *veraineté,* par M. l'abbé S. de C. ; je trouve
» cet ouvrage bien supérieur à ses *Trois Siècles:*
» ceux-ci, quoique dignes de leurs succès, ne
» supposent que des connaisssnces littéraires
» et le talent d'écrire avec esprit et sans mau-
» vais goût ; mais le Traité annonce des lu-
» lumières et du génie; il est plein d'idées
» neuves, de pensées hardies, d'observations
» profondes et d'expressions trouvées. L'au-
» teur ne peut avoir pour adversaires que des
» esprits qui n'ont pas sa mesure, et pour en-
» nemis que des cagots forcenés. Quand les
» prêtres et les princes connaîtront leurs vrais
» intérêts, ils béniront sa mémoire. Il défend

» la religion et la royauté avec des armes vic-
» torieuses et inconnues avant lui. Son ou-
» vrage fera révolution dans la politique, dans
» la morale et même dans les écoles des diffé-
» rentes sectes chrétiennes, quand les gouver-
» nemens, devenus calmes, sentiront la néces-
» cessité de fixer les idées humaines sur l'es-
» prit de civilisation et sur les élémens du
» bonheur social ».

Un autre savant, M. *Motte*, professeur de
philosophie et de mathématiques dans un fameux pensionnat près de Riga, s'exprime ainsi
dans un de ses écrits publics : « Je ne crois pas
» compromettre mon discernement, en plaçant
» le Traité de la Souveraineté de l'abbé S. au-
» dessus de l'*Esprit des Lois*, sinon pour le
» talent, du moins pour l'importance des ma-
» tières, la justesse des principes et l'utilité
» générale des idées ».

Quand bien même nos observations ne ser-
viraient qu'à en faire naître de plus éloquentes,
notre travail n'aura pas été sans fruit. Si le ciel
nous a refusé le talent de faire triompher la
vérité, il nous a du moins accordé la faveur de
la connaître ; et si jadis *Archimède*, ravi d'avoir
découvert de combien était altéré le titre d'une

couronne d'or, sortit nu de son bain en criant :
*je l'ai trouvé*, peut-être pourrai-je aussi me fé-
liciter d'avoir fait pour la *Souveraineté* ce qu'il
ne fit que pour son image.

Ce qui est certain, c'est que jamais problême
ne fut plus important que celui-ci, et que, s'il
suffit de parler avec l'autorité du sens commun,
et d'avertir tous les peuples dans un seul peuple,
on ne sera nullement étonné de nous entendre
dire aux français : « Vous vous êtes exterminés
» vous-mêmes pour la *Souveraineté* du peuple ;
» rien ne vous a coûté ; les crimes commis et
» les calamités endurées en faveur de ce prin-
» cipe, dont vous avez fait un dogme, seront
» l'éternel entretien des siècles à venir. Ap-
» prenez donc, infortunés coupables, que *ce*
» *principe est faux , contraire à l'esprit social ,*
» *et qu'il ne vous reste que vos malheurs et vos*
» *crimes* ».

## V.

Non-seulement je crois avoir prouvé , clair
comme le jour, que la *Souveraineté* n'appartient
point au peuple , mais encore qu'elle ne peut
lui appartenir, ni lui convenir, dans aucun
cas. Si *Rousseau* avoit compris cet admirable

axiôme de l'antiquité, *qu'il n'est point de science de ce qui change*, il n'aurait pas placé la *Souveraineté* du corps politique, qui vit de repos, de sûreté, d'usages, de lois, de propriétés, dans le peuple, qui change et varie sans cesse. Pourquoi fait-on l'histoire des métaux, des végétaux, des animaux, et non celle des vents et des nuages ?

*Rousseau*, plus fort de couleur que de dessin, et ne jugeant bien que ses passions, débuta, je ne dis pas par une erreur, mais par un *paradoxe*, c'est-à-dire par une proposition qui s'écarte des idées reçues et qui attend des preuves pour devenir une vérité ; et comme il soutint ce paradoxe avec éloquence, il fut couvert d'applaudissemens. Sa réputation ne souffrit point de délai, et son premier succès décida son talent, son humeur et sa manière.

On s'étoit aperçu que *Montesquieu* péchait quelquefois par une fausse simplicité ; mais on ne vit pas que *Rousseau* péchait encore plus souvent par une fausse énergie ; on ne vit pas qu'un écrivain passionné est exclu de droit, que dis-je ? est naturellement indigne d'écrire sur la politique. Le fonds de presque tous ses ouvrages se réduit à dire qu'il vaudrait mieux que le monde n'existât pas tel qu'il est; qu'il vaudrait mieux, en dernier résultat, qu'il n'existât pas du tout. Il confondit l'état social ou de famille avec l'état civil, et celui-ci avec l'état de nature. Il emprunta à l'homme des bois son innocente et primitive simplicité, à l'homme civilisé ses raisonnemens et sa morale, et il en composa l'être idéal et chimérique dont il charma son siècle. Les satires insensées, les tableaux de contraste et le style enflammé de cet orateur ambidextre firent fortune, parce qu'il arrivait dans un tems de prospérité.

Et véritablement, quand un empire est vieux, heureux et florissant, on tourne ses moyens contre lui, on l'accable d'objections, on se sert, pour le renverser, de la réunion des lumières que le tems a données, et ces derniers jours s'appellent des jours de *philosophie.* C'est l'époque où les heureux conspirent eux-mêmes avec les mécontens et les novateurs. L'ordre public est si clair et si constant qu'on est choqué des moindres taches dans le tableau. On est d'ailleurs si bien appuyé qu'on croit pouvoir sans risque changer d'attitude. Les raisonneurs reçoivent avidement des propositions qui déplacent les idées établies et qui promet-

tént quelques grandes secousses. Les volup-
tueux se déclarent volontiers pour un censeur
austère qui, ne mettant pas la morale à la por-
tée des hommes, leur demande plutôt des suf-
frages que des conversions, et on passe l'histoire du vice à qui ne fait que le roman de la
vertu.

De la petite république de Genève, où *Rousseau* aurait pu nourrir son amour pour le gouvernement populaire et son goût pour l'étude
unie à un métier mécanique, il vint dans l'immense capitale des français étaler le spectacle
d'une pauvreté farouche; tandis que Voltaire,
par un autre défaut d'harmonie, brillait par
sa fortune et l'élégance de ses mœurs aux
portes de cette même république. L'un se dé-
robait au peuple français, comme un enchan-
teur qui veut entretenir le prestige; l'autre se
jeta au milieu de ce même peuple, comme un
tribun factieux, pour le braver ou pour l'en-
traîner à ses idées.

Aussi, quel français n'a pas suivi le torrent?
Pour moi, s'il est permis de se nommer, en
admirant les talens de *Rousseau*, je ne me suis
point laissé surprendre à sa magie. Sans parler
d'un ouvrage justement oublié ( la *Ratomanie*,

que je publiai en 1767, et où je m'étais élevé contre ses erreurs et ses séductions, on peut se convaincre ( par l'article qui le concerne, dans la première édition *des Trois Siècles,* publiée en 1772 ) que je n'ai pas été des derniers à sentir le danger de ses idées systématiques, ni à le faire sentir aux autres. Mais à quoi m'a servi de crier que *le Contrat social était rempli d'erreurs* et présentait *un système de politique impraticable ?* Que peut la voix de la sagesse contre la voix éloquente de la séduction et contre l'attrait des nouveautés ? Cependant l'empire de ces écrivains passionnés, irrésistible pour les femmes et pour les jeunes gens, qui aiment mieux être émus qu'éclairés, doit cesser, comme celui des tuteurs à la majorité; et, comme l'empire des tuteurs infidèles, il doit être suivi d'un compte rigoureux.

Ce procès serait décidé par le citoyen de Genève lui-même, s'il vivait encore, et s'il goûtait, comme nous, les fruits amers de la révolution. On le verrait, n'en doutons pas, effacer aujourd'hui, d'une main conduite par le repentir, les tableaux mensongers qu'il peignit au feu de ses passions; il écrirait maintenant contre les auteurs des *droits de l'homme,*

et mieux que l'abbé *Raynal*; il mériterait
qu'ils brisassent la statue qu'ils lui ont élevée;
opprobre dont son ombre a dû frémir; mais ses
disciples ont suffisamment prouvé ses hérésies
politiques, en poussant à bout les conséquences
de son principe de la *Souveraineté du peuple.*

## VI.

La Souveraineté, je le répète, n'en déplaise
aux publicistes, aux politiques et aux diplomates, n'est pas un droit : on a cherché le droit
où il n'y avait que fait et puissance.

L'existence d'un lion, celle d'un homme fort
et courageux, celle d'un peuple, sont de fait
et de droit, et ces êtres sont des puissances.

Ainsi la *Souveraineté* est la puissance de disposer des forces d'un peuple ou de plusieurs
peuples organisés en société par les lois.

La puissance, comme l'a dit *Cicéron*, est la
faculté ou la force capable de conserver ou
d'acquérir la Souveraineté, qui est la puissance
suprême, est donc conservatrice par essence.

Un homme, si on le suppose privé de ses
sens ou de sa raison, n'est qu'une force : avec
tous ses organes, il est *puissance,* qui, mise en

action, s'appelle *pouvoir*. Les bras sont une puissance dont les actes forment le pouvoir. Les soldats sont la force : avec les généraux, l'armée est une *puissance* qui manifeste son pouvoir quand elle veut. Un aveugle qui marche n'est qu'une force aveugle : attaché à un moulin, il est la *puissance* qui le fait tourner. La foudre serait une *puissance* si elle était dirigée ; mais elle n'est que force, comme le tremblement de terre ; d'où il résulte que la force, pour être *puissance*, a besoin d'être organisée.

## VII.

Le *pouvoir* est à la puissance ce que l'acte est à l'action. Une force organisée, quoique sans action, est une puissance, et en exercice, un pouvoir.

La puissance peut ne présenter qu'un seul pouvoir, dans son analyse, ou se composer de plusieurs *pouvoirs*, qui se combinent pour produire l'unité ; c'est-à-dire que la puissance peut n'être qu'à un seul acte, comme dans les mots sublimes : *fiat lux* ; ou se partager en plusieurs actes sans perdre son unité, comme dans la création de l'univers.

2

On ne peut conserver les *pouvoirs* sans une *puissance*, au lieu qu'on peut concevoir la puissance sans les *pouvoirs*, comme je conçois mes bras sans mouvement.

La France est une puissance extérieure en Europe, parce qu'elle peut agir sur l'Europe. Son gouvernement est une puissance intérieure; et comme elle agit sans cesse et sur beaucoup d'objets, ses actes sont des *pouvoirs* nombreux et effectifs.

La force s'organise en puissance, et la *puissance* se résout en *pouvoir*. Ce qui fait qu'on confond beaucoup ces mots-là, c'est qu'en physique, en mécanique et en politique, on ne suppose guère de puissance sans exercice, et par conséquent sans effet. On dit indifféremment la puissance et le *pouvoir* de Dieu, du Roi, du gouvernement, d'un lévier, de la végétation, de l'imagination, etc.; mais quand on parle rigoureusement, il faut observer les différences de la force à la puissance, et de la puissance au *pouvoir*.

## VIII.

Quoique la puissance ne soit point un *droit*,

elle fait le droit, mais le droit ne fait pas toujours la puissance ; au contraire, le droit appelle
trop souvent la puissance à son secours, et
malheur à la Souveraineté qui, n'ayant pas su
conserver ses pouvoirs, se fie sur le droit et
l'appelle à son aide ! Les pouvoirs sont faits, de
leur nature, pour tenter l'ambition humaine,
et par conséquent pour être usurpés. Ceux
qui les usurpent sont d'abord puissance, illé-
gitime pour ceux qui sont dépossédés et pour
leurs partisans, légitime pour ceux qu'elle a
soumis. Toute ancienne religion traite de fausse
la nouvelle ; mais celle-ci est vraie aux yeux
des générations élevées dans son sein.

Cette théorie de la Souveraineté et des pouvoirs paraîtra dangereuse aux esprits prévenus
qui veulent qu'on ne règne que de *droit*, sans
trop savoir ce que signifie cette expression,
sans songer que la puissance est un don , un
talent, et que le *droit* est un acquis, une loi
de la puissance suprême ; sans réfléchir que
chaque premier Roi d'une nation ne l'est devenu que par la conquête, et que chaque
nouvelle dynastie a presque toujours commencé par un plus puissant en mérite et en
intelligence que la famille dépossédée.

Tant qu'un Roi détrôné, ou son héritier, conserve des amis parmi les puissances, et surtout les vœux et les cœurs de ses sujets, il est encore puissant ; mais si les puissances l'abandonnent, si son souvenir s'efface, si l'amour pour sa famille s'éteint, s'il ne lui reste plus que quelques anciens serviteurs sans génie, sans audace, sans moyens, il n'est plus rien lui-même. Tel fut le prince *Édouard*, le dernier héritier de la famille royale des malheureux *Stuarts* ; mais heureusement, tel n'a pas été l'héritier de la famille des Bourbons, qui a conservé parmi ses sujets des serviteurs fidèles et amis courageux des bons principes, lesquels ont entretenu, d'abord par leurs plumes, puis au prix de leurs fortunes et de leur sang, l'amour de l'ordre, et sont venus à bout d'allier les puissances de la Russie, celles de l'Allemagne, et même celles de l'Angleterre, contre le Corse usurpateur du trône de l'ancienne maison de France, rentrée par elles dans ses *droits*.

## IX.

Je le dis, sans être modeste, mes lumières sont très-bornées, mes talens encore plus ; mais

un titre à l'intérêt général, une qualité dont
je puis m'honorer sans croire blesser les bienséances, c'est le courage avec lequel, depuis
quarante ans, j'ai constamment défendu les
principes du goût et de la morale sa sœur, alors
même que les corrupteurs étaient tout-puis-
sans, les idoles de la France, les oracles de
l'Europe. Je ne suis qu'un petit écrivain, qu'un
nain en littérature; mais un nain instruit à l'é-
cole et monté sur les épaules des *Cicéron*, des
*Tacite*, des *Plutarque*, des *Machiavel*, des
*Bacon*, des *Hobbes*, des *Spinosa*, des *Pascal*,
des *Corneille*, des *Montesquieu*, des *Daguessau*, peut voir plus loin que ces géans, et bien
juger de l'avenir.

D'ailleurs les tems d'agitation, de trouble,
d'inquiétude et de guerre ne sont pas le tems
des réputations et de justice : les intérêts publics
rejettent les intérêts particuliers. Né, heureusement, cinquante ans avant la révolution de
1789, l'abbé *Sabatier de Castres* avait déjà établi
sa réputation par les *Trois Siècles littéraires*,
dirigés contre la secte philosophique, et parti-
culièrement contre le fameux *Voltaire*, qui en
était le patriarche. Les passages que nous allons
tirer de quelques écrits de ce littérateur suf-

firont pour prouver que les ennemis des autels, des trônes et du goût n'ont pas eu, de son tems, d'adversaire plus intrépide et plus constant, ni plus mal récompensé.

## X.

Né en 1742, dans le midi de la France, et naturellement doué de l'esprit d'observation et de prévoyance, il disait, en 1766, dans une de ses lettres à M. *Helvétius*, ancien fermier-général, et l'auteur du livre de l'*Esprit* : « Peut-
» être le tems amènera-t-il d'autres événemens.
» Le plus flatteur de tous ceux que je désire,
» est de pouvoir vous entretenir tête à tête de
» mes petits projets et de mes grandes espé-
» rances, fondées sur des pressentimens qui,
» chez moi, équivalent à des inspirations. Il me
» tarde de pouvoir disserter avec l'auteur de
» *l'Esprit* sur les abus de l'esprit dominant du
» siècle qui, à moins d'un miracle, amènera,
» avant la fin du siècle, la chute du clergé; par
» elle celle du trône, et par celle-ci la ruine
» de tous les grands propriétaires; et songez
» que vous êtes du nombre. C'est du moins ma
» manière de voir, et j'ose penser qu'elle vous

» paraîtra moins surprenante , quand vous
» m'aurez entendu..... Vous m'avez appris à
» penser juste et inspiré le courage d'être vrai...
» J'attendrai, pour développer sans danger aux
» yeux du public les idées que les vôtres m'ont
» fait naître, que le torrent philosophique soit
» passé ; que la catastrophe que je présage soit
» arrivée ; et que la philosophie, qui doit né-
» cessairement l'amener, et qu'on honore pour-
» tant comme la bienfaitrice de l'humanité ,
» soit devenue à son tour l'objet du mépris gé-
» néral. » *Lettres littéraires de M. l'abbé S. de C.*,
publiées en Hollande en 1778.

## XI.

On lit dans le *Tableau philosophique de l'esprit de M. de Voltaire*, du même auteur, publié en 1771, une tirade sur le fanatisme de
barbarie et d'ambition dont on croirait que
*Robespierre* et *Napoléon* auraient fourni le mo-
dèle. « Le fanatisme religieux est dangereux
» sans doute, puisqu'il est l'effet d'une fausse
» conscience qui abuse des choses sacrées, et
» qui asservit la religion aux caprices d'une
» folle imagination ; mais il faut convenir qu'il

» en est un autre qui n'est pas moins à crain-
» dre, c'est le fanatisme philosophique ; qui
» offusque tout, attaque tout, renverse tout ;
» fanatisme qui prend sa source dans l'enflure
» du cœur et dans la petitesse de l'esprit; fa-
» natisme raisonneur et turbulent, qui veut tout
» changer, tout réformer, tout anéantir ; fa-
» natisme ambitieux, qui s'arroge tout et veut
» triompher de tout; fanatisme artificieux, qui
» emploie tous les moyens, qui se sert de toutes
» les ressources pour s'accréditer et se faire
» valoir; fanatisme téméraire et licencieux,
» qui ne respecte rien, qui brave tous les usages,
» renverse toutes les autorités, sape le trône
» et l'autel, altère la vérité, dénature la vertu,
» fait l'apologie du vice et du crime. »

Si l'on daigne observer que ce tableau du
fanatisme de l'impiété a été écrit et publié près
de vingt ans avant que la révolution de 1789
et le règne du Corse usurpateur de l'héritage
d'une maison qui a donné plus de cent Rois à
l'Europe, n'en eussent fait sentir toute la justesse aux esprits inobservateurs, et même avant
que le public soupçonnât que la philosophie
fût susceptible de fanatisme, peut-être cette
considération inspirera-t-elle quelque con-

fiance dans la manière de voir et de juger de l'écrivain dont il s'agit ici.

## XII.

Ce fut au commencement de 1772 qu'il fit paraître, en 3 vol. in-8⁰., *les Trois Siècles de la littérature française*, ouvrage si bien accueilli du public, que 3,000 exemplaires furent débités dans moins de six mois. « Depuis long-
» tems, disait l'auteur dans la préface, les
» maux qui désolent la république des lettres
» sont assez semblables a ceux qui, dans l'or-
« dre politique, furent les présages et la cause
» de la ruine des empires les mieux affermis.
» A un siècle de raison, de grandeur et de
» gloire ont succédé des tems de frivolité, de
» faiblesse, de vertige et d'absurdité. Le théâtre
» de la littérature est envahi par trois sortes
» d'ennemis qui le dégradent : une philosophie
» tyrannique et inconséquente y suffoque ou
» corrompt le germe du talent; le faux goût
» y anéantit les vrais principes; une aveugle
» facilité à tout admirer achève d'en bannir
» l'émulation et de décourager le mérite. Les
» esprits y sont divisés, les sentimens arbi-

» traires, les règles méprisées, les rangs con-
» fondus, les grands maîtres insultés; le vrai
» savoir y est peu honoré, la médiocrité ac-
» cueillie et même célébrée ; la hardiesse y
» supplée au génie, et le charlatanisme au ta-
» lent modeste....

    » Au milieu de tous ces désordres, il est im-
» possible au zèle de ne pas élever sa voix.
» Tant que l'erreur, le préjugé ou l'esprit de
» parti décideront des éloges et des critiques,
» les progrès de la décadence ne pourront que
» devenir plus rapides. C'est donc au littéra-
» teur impartial, ami de l'ordre, de la justice
» et de la vérité, leurs compagnes inséparables,
» à combattre les usurpations; à désaveugler
» la multitude, à prononcer, d'après les règles
» fixes et invariables du bon et du beau, sur
» le mérite ou sur les travers de tant d'auteurs
» méconnus par l'injustice, ou préconisés par
» la séduction et par la mauvaise foi. Pour-
» quoi aurions-nous craint de nous charger de
» cet emploi?...»

    On sait avec quel talent et quel succès
M. l'abbé S. s'en est acquitté, puisque, malgré
les préventions de son tems pour le philoso-
phisme, son ouvrage a eu six différentes édi-

tions, sans parler des contrefaçons sans nombre qui en ont été publiées en pays étranger, et même dans l'intérieur de la France, avant et durant la révolution.

## XIII.

On lit, page 42 de sa *Lettre sur les causes de la corruption du goût et des mœurs*, adressée au duc de *Croy*, datée d'Aix-la-Chapelle, 1790 : « C'est surtout par l'influence des écrits de » *Voltaire* sur son siècle, que se sont opérés » ces étranges changemens dans l'esprit et le » caractère des Français. Le ridicule qu'ils ont » répandu sur la religion a appris à la braver, » et le mépris de la religion entraîne celui de » toutes les autorités et de toutes les bienséances » sociales. On a peine à concevoir comment le » gouvernement a pu négliger de mettre un » frein à l'intempérance et à la hardiesse de » la plume de cet écrivain, et comment il n'a » pas du moins empêché dans le royaume la » libre circulation de ses ouvrages licencieux. » Interdire la vente des poisons et permettre » ou tolérer le débit de productions telles que » la *Pucelle*, le *Dictionnaire philosophique*, les

» *Questions sur l'Encyclopédie*, n'est-ce pas
» tomber dans la plus absurde des contradic-
» tions? L'arsenic ne tue que le corps, et ne
» peut faire mourir que des individus; le poi-
» son de l'impiété tue les ames, et peut corrom-
» pre les peuples entiers et les générations fu-
» tures.

» Vous savez, M. le Duc, qu'il n'a pas dé-
» pendu des efforts et de la persévérance
» de mon zèle d'éclairer le Gouvernement
» sur les dangers de l'esprit philosophique,
» sur l'ignorance ou le charlatanisme de ses
» propagateurs, sur les malheurs qu'il prépa-
» rait à la nation et qu'il se préparait à lui-
» même en protégeant les philosophes; mais
» les *Turgot*, les *Malesherbes*, les *Miroménil*,
» infectés eux-mêmes du virus de la philoso-
» phie, n'avaient pas assez de bon sens ou de
» lumières pour sentir qu'ils en manquaient,
» assez de politique pour voir que les lois sont
» impuissantes sans la religion, ni assez de phi-
» losophie pour se déclarer contre celle du
» siècle.

» Il est pourtant facheux que tous ceux qui,
» comme vous et moi, ont connu de bonne
» heure les dangers de l'esprit philosophique

» du siècle, pâtissent de l'ignorance et de l'im-
» péritie ministérielle. Je plains surtout le Roi,
» dont les intentions sont si pures, et qui,
» mal entouré, mal conseillé, mal défendu et
» mal instruit, ne se doute pas qu'il n'est point,
» à beaucoup près, au terme de ses afflictions.
» On dit qu'il connaît parfaitement la carte de
» son royaume et des autres états; s'il connais-
» sait de même celle du cœur et de l'esprit
» humain, il chercherait et trouverait le moyen
» de se soustraire aux infâmes persécutions
» des usurpateurs de son autorité et de ses
» droits, capables d'attenter à sa vie, comme
» ils ont attenté à son existence politique et
» morale.

» Je vous prie, M. le Duc, d'agréer, en dé-
» pit de l'égalité si vantée, l'assurance du pro-
» fond respect avec lequel je suis, etc. »

Aix-la-Chapelle, 12 avril 1790.

*Lettres critiques et morales sur l'esprit,
les erreurs et les travers de notre tems,
publiées en 1802.*

## XIV.

Par une suite de dévouement, on m'a vu

braver des premiers l'insurrection philosophique, la folie nationale et la rage révolutionnaire ; car c'est à moi et à moi seul qu'on doit
l'entreprise et les premiers numéros du *Journal politique national*, qui, contraire aux vues
de la représentation du tiers-état aux états-
généraux, faillit à me faire *lanterner* et me força
de m'expatrier, dès le mois de juillet 1789,
pour aller le continuer à Bruxelles avec M. *Rivarol*, à qui j'en abandonnai la composition et
la propriété pour me livrer à des écrits de
circonstance qu'on croyait plus utiles au pays
qui m'avoit donné l'hospitalité, et qui était
menacé lui-même d'une insurrection contre son
Souverain.

« Quand une nation vaste et audacieuse a
perdu ses mœurs et ses maîtres légitimes, elle
ne souffre pas que les autres nations conser-
vent les leurs ; ce qui n'est déjà que trop prouvé
par ce qui s'est passé dans le Brabant, à Liége,
en Hollande, en Suisse, en Italie et dans l'Empire germanique. Parlons de bonne foi, puisque les cabinets ont vu si long-tems d'un œil
léthargique la révolution française renverser
successivement la royauté, la noblesse, le
clergé et enfin la propriété ; puisqu'ils ont

laissé la contagion des principes révolution-
naires se répandre avec une effrayante rapidité,
à l'aide d'un peuple qui, depuis deux siècles,
donne à ses voisins son langage, ses modes,
ses manières et son théâtre ; puisque l'Angleterre elle-même a frémi trop tard...; puisque
l'Europe a souffert que les jacobins l'attaquas-
sent les premiers, et qu'ils organisassent contre
elle l'énorme explosion d'un royaume immense
qui, pareil à l'Etna, vomit ses entrailles sur
tout ce qui l'environne ; puisqu'enfin toutes
les Puissances ont coopéré ou connivé à la
suppression des Souverainetés électives, du
vivant et contre le gré des propriétaires légitimes, comment les Rois peuvent-ils espérer
de leurs peuples une sagesse qu'ils n'ont pas
montrée eux-mêmes ?

» L'Europe ressemble à un corps qui pour-
rit vivant, et dont la France serait le sein : le
mal n'est pourtant pas incurable. On a vu des
végétaux maltraités et flétris par un long et
rude hiver, et qu'on croyait frappés de stéri-
lité, reprendre une vie nouvelle par les soins
de l'habile cultivateur, et produire, dans cette
activité inespérée, des fruits aussi bons qu'au-
paravant : » Pourquoi l'Europe, toute cor-

» rompue et défigurée qu'elle est, ne pourrait-
» elle pas reprendre son ancienne sève de mo-
» ralité et de sagesse » ?

Or, M. l'abbé *Sabatier* en a indiqué les moyens
dans son *Traité de la Souveraineté*. Cet ouvrage,
composé du tems des trois Consuls, et publié
à Altona au commencement de 1806, n'a pu
être débité ni introduit en France, à cause de
la sagesse des principes religieux et monarchiques qu'on y développe d'une manière aussi
claire que victorieuse. On publia des *Observations critiques* sur ce Traité dans l'*Abeille du
Nord ;* l'auteur les terminait par l'éloge que
voici : « Enfin on retrouve dans cet ouvrage ,
» qui ornera un jour toutes les bibliothèques,
» l'homme de lettres, l'homme d'état, le bon
» citoyen, le sujet fidèle , le vrai philosophe,
» et partout l'honnête homme. Nous gémissons
» seulement de ce que son livre n'ait pas l'a-
» vantage de l'à-propos; il arrive trop tard :
» car ce n'est pas durant la tempête que le pi-
» lote reçoit des leçons de nautique. Au sur-
» plus, ceux qui auront lu sans passion l'ou-
» vrage *de la Souveraineté* penseront, comme
» nous, que l'auteur honore sa patrie et le
» tems où nous vivons ».

Un des plus habiles diplomates de notre tems, M. *Paoli de Chagny*, le rédacteur du *Mercure universel* qu'on imprimait à Ratisbonne, journal très-recherché, mais étouffé au onzième mois de sa naissance, par le despotisme du Gouvernement français; cet estimable journanaliste, disons-nous, s'exprimait ainsi dans l'annonce du même Traité : « On a dit que » l'humanité avait perdu ses droits et que » *Montesquieu* les a retrouvés; on dira que les » Rois avaient perdu les leurs, et que l'abbé » *Sabatier de Castres* les a rétablis. Et vérita- » blement, son ouvrage *de la Souveraineté* est » plein d'idées instructives, et jusqu'à présent » inaperçues, sur les prérogatives attachées » à la royauté ».

## XV.

La citation suivante nous paraît digne de l'attention des vrais hommes d'état, et suffirait pour justifier le jugement de M. *Motte* sur l'ouvrage *de la Souveraineté*, dont il est extrait, *livre* Ier. *chapitre* IV.

« L'art de civiliser et de gouverner les hom- » mes a ses principes et ses règles, comme » les autres arts ».

« Tout, dans ce monde, est soumis à la *nature* et à la *nécessité*; à la *nature*, par des lois éternelles; à la *nécessité*, par des lois de concours; ces dernières résultent des rapports et d'une foule de causes qui concourent à produire certains effets, lesquels deviennent inévitables ».

« La *nécessité*, dans l'ordre moral et politique, est l'alliance de la *nature* et de *l'art*; c'est une *nature* du second ordre, qui se sert des matériaux et des lois créés par la première pour produire des effets que cette première n'aurait jamais produits. »

« Les lois de la *nature*, ou de la Providence universelle, sont aussi irrésistibles qu'éclatantes; celles de la *nécessité* n'étant pas si évidentes ni si irrésistibles, c'est un malheur de ne savoir pas d'abord les reconnaître, et c'est enfin une folie que de les heurter trop longtems quand on les connaît. Il est de l'essence de l'esprit de prévoir la *nécessité*, et il est de l'essence de la raison de se soumettre à son joug, tout dur qu'il nous semble; mais la *nature* est toujours là, tandis que la *nécessité* est éventuelle. »

« Les corps politiques vivent de lois de con-

cours, et se donnent une constitution pareille
aux corps *naturels* et animés. »

« On verra que toute la science du gouvernement des peuples se réduit à la connaissance
des lois de la *nécessité* ou des besoins sociaux ;
et que l'habileté des législateurs et des souverains consiste à courir au - devant de ces besoins. »

« Un grand législateur, qui a l'air de com-
mander à la *nature* du corps politique, ne fait
réellement que la suivre de plus près, et met,
pour ainsi parler, les événemens en serre-
chaude. *Richelieu* fit en vingt ans ce qui serait
arrivé en deux ou trois siècles.... » Les hautes
Puissances alliées auraient fait dix ans plutôt,
en se réunissant contre la France, si elles avaient
eu connaissance, ou si un des dépositaires de
leur confiance leur eût rendu compte de mes
*Considérations sur les gens d'esprit*, publiées en
1801, ou des éloquentes *Considérations sur la
France*, publiées, vers le même tems, par
l'inestimable ministre du Roi de Sardaigne à la
cour de Russie. Rois, princes souverains ou de
famille souveraine, seigneurs, courtisans, anciens nobles, anciens riches propriétaires, vous
tous qui avez éprouvé des pertes par l'ambition

effrénée du tigre que les Français régicides ont
choisi pour leur Empereur, bénissez la cour
de Russie d'avoir connu, protégé, encouragé
le mérite, les talens et les lumières de ce ministre
religieux qui l'a éclairée sur sa véritable gloire,
et lui a inspiré le désir, la ferme volonté, et
indiqué les moyens de délivrer l'Europe du
joug humilant qui l'opprimait, et de rendre
aux propriétaires dépouillés leurs anciennes
possessions. Bénissez, dis-je, honorez à jamais
la Russie, cette terre classique de grands hommes, de grands caractères, d'ames généreuses,
dont le Souverain actuel sera désormais dans
l'histoire le véritable *Alexandre* Ier., puisque
tant de Souverains détrônés, tant de princes
et de seigneurs dépossédés devront à sa géné-
rosité et à celle des alliés qu'il a su se faire,
leur rétablissement dans l'héritage de leurs
pères.....

## XVI.

Celui qui n'a rien a faim de pain ; celui qui
a du pain a faim de lois pour s'en assurer la
propriété.

La propriété, graces à la révolution et à
l'ignorance de la Souveraineté, n'étant plus

appuyée sur la prescription, sur la religion, sur les lois, sur l'honneur, sur cette pudeur salutaire qui fait mourir de faim à côté du bien d'autrui, il faut que le gouvernement se fortifie et devienne nécessairement militaire et despotique : il l'est devenu en France, et, par suite, dans presque tous les États de l'Europe. Voilà l'obligation qu'on a aux philosophes du 18e. siècle, dont toutes les cours et presque tous les cabinets ont été les admirateurs et les protecteurs manifestes ou tacites !

Les principes de la politique et de la morale seraient moins méconnus, si les auteurs qui en ont traité ne les eussent séparés de leur élément, qui est l'utilité publique et générale.

L'ignorance en elle-même n'est qu'un défaut ; mais elle est un vice et souvent même un crime quand on est dans l'obligation de savoir ce qu'on ignore.

*Louis XVI* fut le plus honnête homme, et peut-être l'homme le plus vertueux de son tems ; mais par malheur pour lui-même, pour son peuple et pour toute l'Europe, l'homme qui savait le moins le métier de Roi.

## XVII.

Point d'amour, point de crainte extrême sans superstition.

La religion est une opinion fixe, nécessaire et protégée par le gouvernement. Il donne des lettres de marque aux prêtres comme aux corsaires ; et qui ne respecte pas le pavillon religieux national doit être traité en ennemi de l'État.

Il n'est pas plus permis d'introduire une nouvelle religion qu'une nouvelle monnaie.

Les monnaies ne sont pas de vraies denrées ou richesses, mais elles sont utiles et indispensables : de même des religions. Un écu attire les denrées, commande le travail, renverse les résistances : un rabat, une étole, un crucifix, un ciboire, un saint sacrement attirent les respects, commandent la soumission, renversent les incrédulités et les mauvais desseins.

Les philosophes et ceux qui affichent l'incrédulité ne sont que des décrieurs de monnaie, des déchireurs de pavillon ; et ils ont encore des partisans parmi les gens en place ! et les gens en place négligent, dédaignent les adversaires de la philosophie et les laissent en proie

aux persécutions du jacobinisme, de l'impiété
et de l'usurpation !... Bénissons le ciel ; le règne
de l'injustice va finir, et celui de la raison et
du repos recommencer.

## XVIII.

L'avenir est une espèce de région du monde
moral, que tout homme désire connaître, dont
peu de gens savent la route, où les observa-
teurs voyagent, mais où les seuls hommes de
génie séjournent. Le vulgaire n'aperçoit les
causes qu'après en avoir été averti par les effets ;
et forcé de remonter des effets aux causes, il
passe sa vie à raisonner sur le passé et à se
plaindre du présent. Il n'en est pas ainsi de
l'observateur : dans les événemens passés et
présens il voit les germes de l'avenir, et dans
les germes, le développement des fruits.
*J. J. Rousseau* avait ce talent par excellence.
« Je vois tous les états de l'Europe, disait-il
» en 1772, courir à leur ruine. Monarchies,
» républiques, toutes ces nations si magnifi-
» quement instituées, tous ces beaux gouver-
» nemens si sagement pondérés, tombés en dé-
» crépitude, menacent d'une mort prochaine. »

Déjà le sort du royaume de Pologne ( l'abbé
S. écrivait ceci en 1801 ) la chute de la monarchie française, le démembrement de celle de
Sardaigne ( suivi bientôt après de sa dissolution
totale) la mort de la république de Venise ,
l'extinction de celle de Genève, l'anéantissement du stadthoudérat de Hollande, de la
principauté de Liége, des électorats de Cologne
et de Trèves, de l'état de Parme, de celui de
Modène, etc., ont réalisé la prédiction de l'obs-
servateur genévois, et les autres états ne
tremblent pas ! ( tels que ceux de Rome, de
Toscane, de Hesse-Cassel, de Hanovre, de
Brunswick, de Hambourg, etc. ) Qu'on ne
dise pas que la plupart de ces états disparus
ont péri par des accidens étrangers à leur gouvernement, parce que je répondrais, par ces
mots d'un autre profond penseur : « Si le hasard
» d'une bataille, c'est-à-dire une cause parti-
» culière a ruiné un état, il y avait, dit *Mon-*
» *tesquieu*, une cause générale qui faisait que
» cet état devait périr par une bataille ».

La cause de la mort des états susnommés
est la même qui menace de près le reste des
principautés ecclésiastiques, et d'un peu plus
loin, la Souveraineté des couronnes ducales,

électorales, royales, impériales ; je veux dire
la corruption qui a déjà carié tous les appuis
des trônes européens, et brisé les principaux
liens dont nos pères avaient enceint l'édifice
civil, et qui garantissaient les propriétés patri-
moniales de chacun. Le moyen que ces Couronnes puissent conserver leurs droits, au
milieu du dispersement des élémens de l'ordre
politique, sur les débris des lois conservatrices
des propriétés, sur le tombeau de toutes les
vertus religieuses et morales. Le moyen que
le reste des princes électifs, et même les princes héréditaires, grands et petits, maintiennent
dans leur maison la couronne de leurs ancêtres,
lorsqu'ils ont laissé sans protection, et qu'ils
laissent encore sans secours le vertueux prince
évêque de Liége, tombé le premier sous la faulx
révolutionnaire, privé depuis dix (aujourd'hui
vingt) ans de ses états, de ses revenus et de
ses domaines paternels ; lorsqu'ils donnent eux-
mêmes l'exemple du mépris des maximes monarchiques, des droits éternels de l'hérédité,
des lois fondamentales de la propriété, et que,
par une politique prête à réagir contre eux,
ils favorisent et provoquent l'usurpation, et
qu'ils sont assez aveugles et assez faibles pour

se confédérer avec leur plus cruel ennemi...

Vainement espèrent-ils que l'usurpateur de l'héritage des fils de *Saint Louis*, du bon *Henri IV*, et de *Louis XIV*, voulant devenir lui-même prince et prince héréditaire, s'efforcera de renouer les liens qui attachent les peuples à leurs Souverains : ce conquérant n'en aurait pas les moyens quand il en aurait la volonté. Les événemens sont devenus plus forts que lui et que les autres hommes. Ceux qui vivent de l'usurpation sont trop nombreux, trop habiles, trop puissans, pour qu'il soit possible au premier Consul d'exécuter aucun plan tendant au rétablissement de l'ordre et de la justice. La Providence l'a appelé pour bouleverser les états, pour en changer la forme, non pour leur donner de la fixité; pour réconcilier les esprits avec les idées monarchiques, avec les usages héraldiques, non avec la justice et la morale; pour diminuer pendant un certain tems les maux de la France, non pour les guérir et les remplacer par le repos. Les conquêtes morales sont plus difficiles que les succès guerriers. Pour rétablir l'ordre, on a besoin de s'associer à l'auteur de l'ordre; pour ramener la confiance, on a besoin de faire intervenir celui qui agit sur les cœurs et les esprits, et ce secours manque à *Bonaparte*. Il a fait et défait des Rois ; il en fera ou refera encore ; il le sera peut-être lui-même ; mais l'établissement de la Souveraineté héréditaire dans sa famille, s'il a jamais lieu, sera le véhicule et le gage certain de l'anéantissement de la Souveraineté dans la famille des princes de naissance; car le nouveau Roi n'étant pas en proportion avec les autres Souverains, il faudra que ceux-ci tombent pour faire place à des princes qui soient de sa condition ou d'une condition approchante... *Considérations sur les gens d'esprit, publiées en* 1801.

## XIX.

Si, dans le petit nombre de gens en place à qui l'on se propose de communiquer ces *Citations* vraiment *curieuses*, il s'en trouve un seul qui les ait lues en entier et qui ait su les apprécier, nous croyons devoir annoncer à cet homme estimable que, dans un recueil *d'observations confidentielles* et inédites, adressées à un seigneur allemand, sur l'état actuel des choses, M. l'abbé *Sabatier* s'exprime ainsi, vers la fin de ce dernier fruit de sa plume prévoyante :

« Je le dis, non sans tristesse et douleur, l'Europe n'est pas arrivée et n'arrivera pas aussitôt
qu'on paraît le croire, au terme de ses maux,
malgré les succès rapides, soutenus et mérités
des armées des hautes puissances alliées. Dieu
n'a pas abandonné le gouvernement de ce monde
à la sagesse et à la raison, mais aux passions et
aux préjugés... En un mot, j'ai sacrifié ma fortune et mon repos pour tâcher de sauver ma
patrie et l'Europe de l'explosion philosophique
qui les a dévastées, ensanglantées et déshono-
rées ; je sacrifierais aujourd'hui sans regret,
quoique bien portant, le peu de jours qu'il me
reste à passer sur cette terre de proscription,
pour épargner aux familles souveraines l'expé-
rience du malheur dont quelques-unes sont
menacées, et qu'à moins d'un miracle, tel que
la descente de l'Esprit divin sur les membres du
futur Congrès, elles ne peuvent éviter. Oui,
je mourrais volontiers, même avec une sorte
de satisfaction, si je pouvais les sauver à ce
prix, et certes le sacrifice, quoique glorieux,
serait bien petit pour un si grand objet ».

## XX.

Dans le vaisseau, beaucoup pourraient, mais

un seul sait ; dans l'Etat, beaucoup sauraient, mais un seul peut : d'où il résulte que dans le vaisseau, c'est le savoir qui est important, et dans l'État, le pouvoir.

Tout gouvernement a droit aux lumières et aux richesses de ses sujets, car le corps politique a besoin des unes et des autres pour se soutenir. Que diriez-vous d'un gouvernement qui n'imposerait pas les riches, et repousserait les gens d'esprit? Tel fut long-tems dans le dernier siècle le gouvernement français. L'histoire de *Noé* surpris en ivresse par ses enfans, est l'image des gouvernemens qui scandalisent leurs sujets.

*Mabli, Rousseau, Montesquieu* lui - même, faute d'avoir eu des notions justes et précises du caractère de la Souveraineté, confondent le pouvoir autocrate ou indépendant et absolu, avec le pouvoir arbitraire et despotique. Le mot despotisme ne signifie plus aujourd'hui, dans toute l'Europe, que l'abus de la puissance, et il a toujours un sens odieux, tandis que l'autocratie et le pouvoir absolu sont des attributs essentiels de la souveraineté. Le despotisme est vraiment affreux et mérite tout le mal qu'on en a dit. Il suppose que le gouvernement passe

ses fonctions; qu'il n'a pas de mesure fixe, et
que les personnes et les propriétés sont également menacées : on l'a comparé sous l'emblême
d'un sauvage qui, pour avoir le fruit, arrache
l'arbre qui le porte. Un Souverain qui n'a pour
règle que sa volonté particulière, qui, pour
suivre son caprice, sort de la limite du bien
public, qui se met en état de nature quand
tout son peuple est autour de lui en état de
civilisation, est en effet un sauvage, un insensé,
un vrai tyran.

## XXI.

Jamais l'ignorance des rapports sociaux, des
principes de législation, des saines maximes de
l'art du gouvernement, ne fut aussi profonde
ni aussi universelle de notre tems. On a moins
observé les élémens du monde moral que ceux
du monde physique ; on a mieux connu les lois
que la nature s'impose, que celles que la raison
prescrit; l'industrie humaine s'est plus occupée
des arts d'agrémens et des sciences naturelles
que des objets de morale et de politique. Presque tous les publicistes ont expliqué les lois
par elles-mêmes au lieu de recourir à la source.

et de les éclaircir par leur propre objet, les anciens n'ont disserté que sur les lois positives, jamais sur les principes des lois. Quoique *Aristote* soit entré dans quelques détails sur les élémens de la politique et de la morale, il a gardé le silence sur la nature et la marche de l'esprit social, sur les besoins et les droits civils ; il n'a fait que décrire la législation positive des Grecs ; il ne dit rien de l'essence ni des attributs indivisibles de la puissance souveraine.

Soit que l'amour du repos ait porté *Montesquieu* à respecter les erreurs accréditées, soit que d'autres raisons l'aient empêché de remonter aux principes des droits civils, il n'a pas traité des lois, mais de leur esprit ; il s'est d'abord placé au sein des sociétés établies, et n'a parlé que de leurs droits positifs. Cette immense lacune dans la carrière politique est bien digne de nos regrets. Quant à nous, qui sommes persuadés que les moyens d'oppression deviendront plus odieux et plus difficiles, à mesure que les princes et les peuples connaîtront mieux leurs droits et leurs devoirs, nous n'avons pas craint de remonter à leur source dans le livre de la *Souveraineté*.

## XXII.

Un bel esprit ( Rivarol ) qui nous a souvent copiés, sans jamais nous citer, et quelquefois sáns nous comprendre, prétend que « l'état des bois qu'on a, dit-il, si sottement appelé l'état de nature, n'est qu'un accident. » Qu'un accident ! tandis qu'encore aujourd'hui, de l'aveu des plus savans géographes, il y a plus de sauvages sur la terre que d'hommes policés, sans parler de la populace de toutes les nations, qui ne vaut guère mieux que les sauvages !

L'auteur d'une dissertation sur le mot *nature*, fort vantée dans le *Mercure de France* ( du 4 août 1800 ), veut aussi que l'homme modifié, perfectionné par l'art, que l'homme de lettres, l'écrivain de génie qui s'est dépouillé de tous les sentimens *naturels* soit l'homme naturel. « Un Iroquois ou un Caraïbe, dit-il, sont des hommes natifs ; *Bossuet*, *Fénélon* et *Léibnitz* sont des hommes naturels. » La vérité, c'est que la nature d'un être sensible, qui est ce qui le constitue essentiellement et le conserve, n'a rien d'artificiel, et que l'état de perfection sociale est purement l'effet de l'art et de la culture ; que l'état civil n'est pas plus l'état naturel

du genre humain, que l'*Énéide* n'est l'effet naturel de l'alphabet. Ce n'est donc qu'au figuré
qu'on peut regarder l'état des sauvages comme
l'enfance de la civilité. Les enfans restent à
l'alphabet et les sauvages à la vie errante, si
on les y laisse. L'idée ou le goût de la vie fixe
ou réglée, ne vient pas plus aux peuples er-
rans, que le goût ou l'idée de s'habiller ne vient
aux peuples sauvages qui vivent sous la ligne,
que l'idée ou le goût de faire un poème épique
ne vient aux enfans à qui l'on n'a pas appris à
lire. Nous n'avons d'idées ou de goûts naturels
que ceux qui sont des besoins : tout le reste
nous vient de l'imitation ou de la contrainte :
*ignoti nulla cupido*.

On ne peut désirer ce qu'on ne connaît pas.

L'homme sent par nature et raisonne par
effort ou par science : voilà pourquoi la raison
peut nous tromper, et jamais l'instinct. L'intelligence est invariable dans les animaux ; elle
est libre et mobile dans l'homme, et par conséquent capable d'écarts et d'erreurs. Je sais
qu'on ne naît point avec de la barbe au menton, comme l'a dit *Voltaire*, pour prouver que
la justice et la raison sont inhérentes à la nature
humaine ; mais Voltaire n'avait pas réfléchi que

4

la raison ne vient point naturellement comme
la barbe au menton.

Au surplus, la question que nous venons
d'établir n'est pas aussi indifférente qu'on pour-
rait le penser d'après les anciens préjugés,
puisqu'elle conduit à mieux connaître l'esprit
humain, et à mieux faire sentir aux gouvernemens l'influence de l'éducation, la nécessité
de la diriger et d'en étendre les effets. D'ailleurs, de ce que nous disons que la civilisation
n'est pas essentielle à l'homme, il ne s'ensuit
pas qu'elle ne soit pas bonne et avantageuse
à l'espèce humaine. Quoique le bonheur soit
relatif à nos idées et à nos besoins, on peut
assurer que l'homme étant plus faible et moins
vêtu que certains animaux, qu'exposé comme
eux à défendre à chaque instant sa vie contre
les autres espèces, et que trouvant moins faci-
lement qu'eux sa nourriture, on peut croire,
dis-je, qu'il est plus heureux en société organisée qu'il ne le serait dans les forêts, pourvu
que la société soit organisée par des lois sages
et protégée par une force capable de faire observer ces lois : car si les lois sont mauvaises
ou impunément violées, la société devient un
troupeau de bêtes féroces, et l'homme y est

plus malheureux qu'il ne le serait, abandonné
à la simple nature.

Sans la découverte de l'Amérique et, sans
l'état horrible où l'on trouva les sauvages, l'âge
d'or eût toujours commencé l'état civil, chez
les philosophes qui parlaient là-dessus comme
les poètes ; mais comment ces mêmes philosophes, en voyant que les hommes, réduits à
la crainte et à la faim, ont partout commencé
par être voleurs et antropophages, n'ont-ils
pas eu la bonne foi de convenir, qu'à quelque
prix que les premiers législateurs aient fondé
les premières sociétés, ils méritent la reconnaissance du genre humain ? Oui, à l'aspect
d'un peuple errant dans les bois, se nourris-
sant de chair humaine, se dévorant lui-même
lorsqu'il manque de proie, tout ce qui peut le
tirer de cet horrible état, ambition, charlatanisme, fourberie, superstition, est non-seulement légitime, mais admirable, et mérite la
reconnaissance de la philosophie elle-même.

Des familles éparses sentirent le besoin de
s'allier et de se réunir en société politique,
persuadées avec raison qu'elles amélioreraient
leur sort, en unissant leurs forces, et en se
procurant le moyen d'échanger entre elles leurs

( 52 )

richesses et leurs secours. La première condition d'un si sage plan dut être la confiance et
le rapport des propriétés respectives : de-là les
conventions et les lois.

## XXIII.

L'art du gouvernement étant celui de faire
oublier aux hommes le sentiment qui les porte
à se préférer aux autres, et cet oubli ne pou-
vant avoir lieu sans la crainte des puissances
invisibles et sans l'amour des passions factices,
telles que celles de l'honneur, de la gloire, de
l'estime, on doit sentir combien nos philosophes se sont montrés peu éclairés ou peu
amis de l'ordre social, en déclamant contre
les idées religieuses, contre les superstitions
morales, contre l'amour des distinctions, contre la noblesse, enfin contre tous les *préjugés*
qui tendent à dépouiller l'homme de sa nature
primitive pour le revêtir des qualités du citoyen.

S'il est bon pour les États qu'il y ait des
*Codrus* et des *Régulus*, des *Judith* et des
*Jeanne-d'Arc*, des *Vincent-de-Paul* et des
*d'Assas*, combien sont coupables ceux qui

cherchant à nous ramener à la nature, déclament contre les opinions et les *préjugés* qui ont formé de pareils personnages? Quels actes de bienfaisance, de charité, de justice, de sainteté, l'amour ou la crainte de Dieu n'ont-ils pas fait naître? Quels traits de courage, de magnanimité, d'héroïsme, n'a pas inspiré l'espoir de mériter un ruban ou d'être cité dans l'histoire?

Les *préjugés* sont les racines nourricières de l'arbre majestueux de la civilisation : malheur aux gouvernemens qui laissent découvrir et dessécher ces racines bienfaisantes! Les sociétés humaines ne peuvent pas plus se passer de préjugés que de lois.

Les gens instruits entendent par *préjugés* des opinions communes, adoptées sans preuves, mais qui sont de nature à produire plus de bien que de mal. Tout ce qu'on admet comme vrai ou convenable au bien général, avant de l'avoir examiné et jugé comme tel, est proprement un *préjugé* ou un jugement anticipé ; et tel est sans doute le jugement de ceux qui crient contre les *préjugés*.

Tout ce qui n'est pas du ressort des sens est *préjugé* pour l'homme qui n'a pas encore atteint l'âge de raison. Il a cru, et tout ce qu'il a cru est vrai pour lui ; il a imité, et tout ce qu'il a vu faire et qu'il fait est bon pour lui. C'est parce que nous sommes des animaux crédules, que nous sommes civilisables.

Les idées religieuses sont sans contredit des *préjugés*, lorsqu'on les croit avant de les connaître, avant d'en avoir senti l'utilité, la sainteté ou la vérité ; mais ces préjugés cessent de l'être et sont la vérité et la vertu même, lorsqu'on en a reconnu la *sainteté*, mot synonyme des deux précédens, dans le langage moral : et telles sont les idées chrétiennes et toutes les opinions profanes qui entretiennent le goût de l'honneur et des honneurs, qui placent la gloire dans l'amour et le service de la patrie, dans le respect de l'autorité, et qui aplanissent le chemin de la vertu.

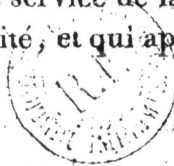

www.ingramcontent.com/pod-product-compliance
Lightning Source LLC
Chambersburg PA
CBHW072022290326
41934CB00009BA/2160